AF186018

Tucholsky Wagner Zola Scott Sydow Freud Schlegel
Turgenev Wallace Fonatne

Twain Walther von der Vogelweide Fouqué Friedrich II. von Preußen
Weber Freiligrath Frey

Fechner Fichte Weiße Rose von Fallersleben Kant Ernst Frommel
Richthofen

Hölderlin
Fehrs Engels Fielding Eichendorff Tacitus Dumas
Faber Flaubert

Eliasberg Ebner Eschenbach
Feuerbach Maximilian I. von Habsburg Fock Eliot Zweig
Ewald Vergil

Goethe Elisabeth von Österreich London
Mendelssohn Balzac Shakespeare
Lichtenberg Rathenau Dostojewski Ganghofer
Trackl Stevenson Doyle Gjellerup
Mommsen Tolstoi Hambruch
Thoma Lenz Hanrieder Droste-Hülshoff
Dach Verne von Arnim Hägele Hauff Humboldt
Reuter
Karrillon Rousseau Hagen Hauptmann Gautier
Garschin
Damaschke Defoe Hebbel Baudelaire
Descartes
Hegel Kussmaul Herder
Wolfram von Eschenbach Dickens Schopenhauer
Bronner Darwin Melville Grimm Jerome Rilke George
Campe Horváth Aristoteles Bebel Proust
Bismarck Vigny Barlach Voltaire Federer Herodot
Gengenbach Heine
Storm Casanova Tersteegen Grillparzer Georgy
Chamberlain Lessing Langbein Gilm Gryphius
Brentano Lafontaine
Strachwitz Claudius Schiller Kralik Iffland Sokrates
Katharina II. von Rußland Bellamy Schilling
Gerstäcker Raabe Gibbon Tschechow
Löns Hesse Hoffmann Gogol Wilde Vulpius
Luther Heym Hofmannsthal Klee Hölty Morgenstern Gleim
Roth Heyse Klopstock Goedicke
Luxemburg Puschkin Homer Kleist
La Roche Horaz Mörike Musil
Machiavelli Kierkegaard Kraft Kraus
Navarra Aurel Musset
Nestroy Marie de France Lamprecht Kind Kirchhoff Hugo Moltke
Nietzsche Nansen Laotse Ipsen Liebknecht
Marx Ringelnatz
von Ossietzky Lassalle Gorki Klett Leibniz
May vom Stein Lawrence Irving
Petalozzi
Platon Knigge
Sachs Poe Pückler Michelangelo Kock Kafka
Liebermann Korolenko
de Sade Praetorius Mistral Zetkin

Der Verlag tredition aus Hamburg veröffentlicht in der Reihe **TREDITION CLASSICS** Werke aus mehr als zwei Jahrtausenden. Diese waren zu einem Großteil vergriffen oder nur noch antiquarisch erhältlich.

Symbolfigur für **TREDITION CLASSICS** ist Johannes Gutenberg (1400 — 1468), der Erfinder des Buchdrucks mit Metalllettern und der Druckerpresse.

Mit der Buchreihe **TREDITION CLASSICS** verfolgt tredition das Ziel, tausende Klassiker der Weltliteratur verschiedener Sprachen wieder als gedruckte Bücher aufzulegen – und das weltweit!

Die Buchreihe dient zur Bewahrung der Literatur und Förderung der Kultur. Sie trägt so dazu bei, dass viele tausend Werke nicht in Vergessenheit geraten.

Aphorismen

Emil Gött

Impressum

Autor: Emil Gött
Umschlagkonzept: toepferschumann, Berlin

Verlag: tredition GmbH, Hamburg
ISBN: 978-3-8495-3013-6
Printed in Germany

Text der Originalausgabe

Emil Gött

Aphorismen

C. H. Beck'sche Verlagsbuchhandlung
Oskar Beck – München 1911

Die Schnuppen, die der Himmel speit,
Die Funken, die vom Ambos sprühen,
Sind auch an keine Schnur gereiht –
So mag auch dieses fallen und verglühen.

Es gibt kein Ende: jeder Augenblick ist ein Anfang von Ewigkeit.

Ein jedes Ding ist so alt wie die Welt selbst; nur seine Form ist neu – aber diese Form ist das Ding.

Die Gewichte an der Weltenuhr sind gewiß – Imponderabilien!

Daß der Kosmos sich nicht um die Erde dreht, das sehen wir heutzutage mit den modernen Augen; die Möglichkeit aber, daß er sich nicht um uns Menschen dreht, die darf nicht einmal berührt werden, obwohl man insgeheim sie manchmal überlegt. Sie ist das Skelett im Hause, das nur die enfants terribles der Philosophie nicht respektieren.

Die Überzeugung von einem harmonischen Endspiel des Lebens und Weltprozesses hat vielleicht mehr als nur Ähnlichkeit mit der optischen Täuschung von dem Zusammenlaufen der Eisenbahnschienen.

Die weichen verachteten Massen, die leicht von den Elementen hinweggespült wurden, waren Schutz, Hülle und Träger der Kolosse, die wir bewundern.

In dem Hauche, den ich auf die blanke Messerklinge tue, zieht, indes mein Auge seinem Verwehen folgt, ein kleiner Weltvorgang mit Millionen von Lebewesen an mir vorüber – spurlos sagen meine Sinne; aber wenn ich es hundertmal wiederhole, kann ich schon die Spuren sehen, wo diese Völker gehaust haben.

Wie die Welt räumlich und zeitlich sich über alle unsere Begriffe hinaus ausdehnt, jedem Versuch, sie zu fassen, spottend, so türmen sich auch jenseits unserer Fassungskraft die Ursachen und Zwecke übereinander, über alle Begriffe hinaus ins Unbegreifliche.

Gott ist: eine Unseligkeit aushalten, und ihr entgegen selig werden.

Der Teufel des einen ist anständiger als der Gott des andern.

Gott, eine Narkose des Menschen.

Das Schlechte ist der Schlaf des Guten, der Teufel die Nacht Gottes.

Gott und der Teufel sind sonderbare Konkurrenten. Der eine verwandelt Teufelsdank in Götterspeise, der andere solche zu Teufelsdank. Das Fabrikat des einen ist das Rohmaterial des andern, und der Markt hat eine schwankende Tendenz. Wenn der Teufel ihn beherrscht, ist die Nachfrage nach Götterspeise groß. Das Reich Gottes hat Teufelsdank nötig.

Gott ist eine Krücke.

Wir betrachten uns selbst so lange mit den eigenen Augen, bis wir bei jeder kritischen Handlung das Gefühl haben, von einem Auge beobachtet zu sein – – es ist dies eine der Arten, wie selbst reifere Menschen zu einem Gotte kommen, wie überhaupt Gott entsteht.

Das Mitleid mit Gott! Man darf ihn nicht im Stich lassen, man muß zu ihm halten in seinem fürchterlichen Kampfe mit *seiner* Verzweiflung! Man muß ihn wenigstens diese eine Freude erleben lassen, daß ein mutiger Knirps so treu zu ihm hält, – und so selbst zur Freude an Welt und Leben kommen.

Es ist noch kein Gott in den Himmel gefallen!

›Gott hat die Welt *aus Nichts* erschaffen‹, hat man lange behauptet und umstritten. Wie, wenn er sie *zu* Nichts erschaffen hätte, und eben darum – – ›Gott‹ wäre?

Auch Gott stirbt dem Menschen nur, um verwandelt und schöner für ein verwandeltes und schöneres Geschlecht wieder aufzuerstehen.

Unser Postulat einer Göttlichkeit der Welt ist eins mit dem der alten Menschen nach Wundertaten.

Gott glauben heißt ihn lästern.

Etwas glauben ist schon – Aberglauben; etwas wissen heißt auf der Grenze zwischen Erkenntnis und Zweifel angelangt sein.

Um ihnen kein Vater aus Erden sein zu müssen, verweist man die Armen und Unmündigen auf den himmlischen. Entsetzlich, wenn man dabei noch an diesen *glaubt*.

Der Wilde macht einen Fetisch zum Gott, der Zahme einen Gott zu einem Fetisch.

Wenn du Götzen zerschlägst eines andern – vergiß nicht, daß es ihm Götter sind. Und wenn du ihm Götter für seine Götzen gibst, sieh zu, daß es nicht deine Götzen sind oder ihm neue werden; wenn es Götter sind, so wäre es schade drum.

Gott zählt die Menschen nicht, er schaut sie an; er hört sie nicht, er kennt sie; er lohnt und straft sie nicht, er läßt sie sich heben und fallen.

Die Menschen sollten uns nicht soviel wert sein, daß wir uns mehr vor ihnen schämen, als vor Gott, und bei all seiner Höhe sollte Gott nicht so hoch über uns stehen, daß wir uns mehr vor ihm schämen, als vor uns selber.

Ein Gott, der auf die Erde käme, dürfte gar nichts anderes tun, als Unrecht; – nicht die Strafe, sondern die Schuld auf sich zu nehmen, wäre erst göttlich.

Jesus tauchte in seiner Art als Fertiger auf und hinterließ kaum eine Spur von seinen Gerüsten. Wehe seinem Bilde, wenn er treue Tagebücher hinterlassen hätte.

Was uns von Jesus bleibt, nach aller Kritik, die wir an der Überlieferung seiner Person und dieser selbst üben: das heilige Herz, mit dem der Mensch neu oder mit unerhörter Glut in die Welt fühlt, und die ebenso unerhörte Weisheit, die er dessen Kraft und Süße verdankt.

So sehr hat Gott die Welt geliebt – oder seinen Sohn, daß er sie seinem Sohn zur Erlösung gab.

Wenn ihr glaubt, daß ihr euch vor den Augen eines Gottes schön zu machen habt, so sage ich euch, daß ihr euch in diesen Augen durch nichts so sehr befleckt und lächerlich macht, als durch die Furcht; eure beständige Furcht vor irgendeinem und allem und jedem Verlust.

So lange will ich ohne Urteil dem Unbekannten dienen, bis das innere Stundenglas mir sagen darf: es ist vollbracht, soweit du mir es verliehen.

Es gibt so recht Fromme, die, weil ihre Linke von der Rechten weiß, lieber nichts Gutes tun – um Gott nicht zu erzürnen.

Die recht Frommen haben sogar ihren Gott, um den Nächsten damit zu schikanieren.

Die Heiligkeit ist eine wunderliche – Heilige: mit den Füßen steckt sie in den Schuhen der Schuld. Und geht doch barfuß!

Die gottlose Welt ist noch lange nicht des Teufels.

Setze den Gott, mit dem du unzufrieden bist, immerhin ab, sorg aber für einen würdigeren Thronfolger.

Monotheismus contra Polytheismus? – Wenn der eine Gott nur ein Götze ist, so sehe ich seine Überlegenheit vor vielen Göttern nicht ein. Er müßte höchstens leichter abzutun sein, aber auch dies ist fraglich.

Die Sünden des einen sind Gott lieber als die Gebete des andern.

Wenn das Verderben von Gott kommt – und was dürfen wir als nicht von Gott kommend betrachten? – so darf der Mensch, der Gottes ist, auch verderben.

Nur die Hölle spekuliert auf die Stürze eines Menschen; im Himmel rechnet man nur mit seiner Erhebungsfähigkeit.

Gott seine Himmel auf seine Façon füllen lassen.

Nicht unsere Gebete – der Sinn unseres Lebens wird erhört; nicht was der Wunsch – Begierde und Schwäche – stammelt, sondern was unser Sein erheischt.

Ein Gott, der die Gebete der Menschen erhörte, gliche reichen, schwachen Eltern, die hochbegabte Kinder durch Erfüllung aller Wünsche verderben.

Ein frommes Gemüt könnte das Vaterunser kurz beten: Dein Wille geschehe! – Ein starkes aber würde vielleicht sagen: Dein Wille – sei der meine er geschehe!

Beten heißt sich beschwichtigen; sich beschwichtigen dadurch, daß man sich einen Augenblick aus dem heißen Zentrum an die kühlere Peripherie setzt und sich an ein – imaginäres und doch nicht imaginäres – Zentrum wendet. Befriedigt kehrt man zu sich und seinen Dingen zurück.

Wenn eine Hagelwolke am Himmel aufzieht, betet das ganze Land. Einen Strich verheert das Unwetter; wo es nicht hintrifft, hat Gott die Gebete erhört.

Am hartnäckigsten werden *verlorene* Posten verteidigt; siehe die »Religion«. Sie aufgeben, hieße bei Tausenden von Männern, die sich nicht mehr verwandeln können, ein verlorenes Leben sich eingestehen.

»Pfaffen!« das sagt sich so leicht. Aber es gäbe auch keine Pfaffen der Religion, wenn es nicht solche jeder Klasse gäbe. Wo sollten sie denn herkommen?

Zu Hause zertraten die Kreuzritter Jesus in ihren Nebenmenschen, und draußen warfen sie ihre Leiber in den glühenden Wüstensand für ihn.

Der Glaube an Gott hat noch jeden Schurken gedeckt. Erst wenn Gott abgesetzt ist, tritt der Mensch in den Dienst des Guten, das er nun nur noch in sich hat.

Es gibt auch eine Sündenkirche. Wenn ein Mensch von guter Struktur in die Sünde gerät, so kommt er reiner und heiler aus ihr heraus, als ein Schlechter aus der Kirche.

Wir können keine Dome mehr bauen, weil wir keine Religion mehr haben. Damit ein Antlitz wie des Straßburger Münsters zu uns spreche, ein Turm wie der Freiburger zum Himmel flamme, muß es in Künstleraugen – und Herzen überirdisch leuchten.

Die Kirche, die Vertreterin der Religion des Mitleids, war nie mitleidig – mit dem Gesunden, Starken, Schönen, Eignen. Sie *will* das Elende, um sicherer zu herrschen.

Sie hat nie volle Macht entwickelt, weil sie nie von eigner, heiliger Gewalt erfüllt war; und wo es je eines ihrer Oberhäupter war, so vermochte es nicht den kolossalen, bis tief hinein verderbten Körper heilend zu durchglühen. Dauernd und überall gewirkt hat sie nur auf abergläubische und erschreckte Gemüter, *durch* Aberglauben und Schrecken.

Entsetzliches Philistertum, dem das vorhandene Gesetz so heilig ist, daß ihm alles, was dieses nicht strafend erreichen kann, erlaubt und selbst heilig wird – jene Greuel der schleichenden Schufterei, die bodenloseste Gemeinheit, die sublimiertesten Frevel an Gott.

Unsere Staatsgewalten halten an Jesus Christus so fest, um das Aufkommen neuer Heilande zu verhindern. Teufel auch, wie unbequem wäre ein solcher ungestümer Forderer!

In den römischen Zirken starb man nicht um die Dreieinigkeits-
oder Abendmahlslehre oder sonst so was; da starb man im Namen
des göttlichen Nazareners, um diese Welt für eine bessere einzutau-
schen. Man gab sich hin, um neu aufzuleben; später zerfleischte
man sich gegenseitig, um übereinander zu triumphieren.

Die ›Kunst, mit den Menschen *nicht* umzugehen‹, könnte auch noch geschrieben werden.

Wer Mensch anrührt, beunruhigt sich.

Menschlichkeit nimmt zum Wägen der Fehler des andern die eignen als Gewichte; das Zünglein der Verachtung steht dann still.

Ein König (im Reiche) der Menschlichkeit: seine Herrschaft spannend über das tiefste Leid und die höchste Lust – in seinem Reiche geht die Sonne nicht unter.

Man muß nicht *zu geschwind* recht haben wollen, sondern Geduld und Feinheit genug haben (oder erwerben), sein Recht im andern zu *pflanzen*. Wenn es da wächst, so ist es nicht mehr zu entwurzeln.

Wer zu uns kommt, droht uns zu nehmen; wer uns verläßt, gibt uns etwas oder viel zurück: uns selbst.

Da hab ich einen, der so innig an das Mitmenschentum glaubte, auf jeden Schimmer eines Auges, das Aufhorchen jedes Ohres, das Sinnen einer Stirne, den Schlag eines Herzens so hereinfiel, daß er das Fremden erst langsam und schmerzhaft zu lernen hatte.

Man muß einen Menschen oder einen Gedanken oder einen Glauben, den man *besiegen* kann, nicht *ermorden;* das Gemordete steht wieder auf.

Das Schweigen ist auch eine Sprache und eine höchst vollkommene, fein und reich gegliederte. Das merkt man am besten, wenn man mit Leuten zusammenkommt, mit denen man sich gründlich und über die heikelsten Dinge auszusprechen hätte, aber in stiller Übereinkunft es nicht tut.

Mancher scheint zärtlich und empfindsam, hat aber nur eine wehleidige Eigenliebe. Tauch einen Finger hinein und du wirst sofort auf den harten Untergrund stoßen. – Weich gegen sich, hart gegen andere, das hält sich die Wage. Überhaupt ist Empfindsamkeit (Sentimentalität) nur Vortäuschung der fehlenden Empfindung (des Sentiments).

Hart oder weich? – Nein: ich liebe die *starke* Hand, die *weich* zu greifen versteht; den elastischen Fuß des Athleten, der seinem Untermanne auf die Schulter zu *springen* vermag, ohne sie ihm einzutreten.

Das Zarte fürchtet immer unzart zu sein! Darunter kann die Ruhe, das Hauptbedürfnis eines schönen Verhältnisses, ebenso leiden, wie unter der Leidenschaftlichkeit.

Richtet euch – auf daß ihr andere richten dürft!

Ein unbändiger Stolz schützt vor kleinen Eitelkeiten; so gut wie tiefe Demut.

Es würde den Stolz von Vielen verletzen, wenn sie wüßten, daß sie uns nur als Schleifstein oder Schmirgel oder als das Klümpchen Eisen dienen, das man dem Magneten anhängt, wenn man ihn eigentlich nicht braucht.

Gold vermag nicht an Talmi, Talmi nicht an Gold zu glauben.

Die Plattheit behält immer Recht! (– dies entdeckte Emil Strauß.) Sie mag fallen, wie sie will, so liegt sie da und behauptet ihren Platz. Eine Feinheit rollt immer und zittert immer, zuletzt vor den eigenen Einwänden, und ganz zuletzt vor – Feinheit.

Mancher, der zu feig oder faul ist, uns ein Feind zu sein, wird unser Freund. Es ist die bequemste Art, uns zu drücken.

Freund kann ich nur sein einem Menschen von hohem Intellekt und dem leidenschaftlichen Willen zu dessen leidenschaftslosem Gebrauche.

Das höchste Vertrauen hat nicht der Freund, dem wir unsere tiefste Schmach, sondern der, dessen Auge wir unbefangen unsere letzte Schönheit zeigen.

Ich habe viele Menschen verloren, die noch leben, und diese machen mir Schmerzen und nicht, die mir gestorben sind.

> Der Mensch, der mir entlebt,
> dem ich entlebe,
> Der macht mir Schmerz,
> und nicht der mir entstirbt.

Jede der Idee Mensch zukommende Eigenschaft, die ein Mensch wirklich hat, und sie nicht bloß umlauert, umschwärmt oder kurz umgeht, gibt ihm etwas Übermenschliches, Göttliches – aber nur, weil es ihn wirklich menschlich macht. So stark ist dieses Menschliche.

Ich rief es gern in alle Winde: ein mutiger, starker, schöner Mensch ist herrlicher und göttlicher als ein Gotteskrüppel, der vom ewigen Auf und Nieder die kosmische Seekrankheit hat.

Bedeutende Menschen müssen immer »Zeitlose« sein. Ein trauriger Beweis dafür ist, daß sie auch meist erst nach ihrem Tode wirken. – Die Mitwelt ließ sie hungern, die Nachwelt hungert nach ihnen.

Es gibt Geister, die so weit ihrer Zeit vorauseilen, daß sie gleich jenem Schnelläufer im Märchen sich Gewichte an die Beine hängen müssen, um einigermaßen mit ihr leben zu können.

Ein Ungewöhnlicher braucht nur einmal gewöhnlich zu sein, gleich berufen sich alle Gewöhnlichen auf ihn.

Wieviel Schönheit muß ein Mensch entwickeln, um den vielen Schmutz, der von ihm trieft, erträglich zu machen und zu rechtfertigen. Wir teilen unsere Natur mit dem widerlichsten unserer Geschwistermenschen.

Welch ein Tyrann: es ist nicht ein Gedanke in ihm, dem der Mensch sich nicht zu schönster Erhebung unterwerfen könnte; jede Wehr gegen ihn macht elend.

Was der Mensch »über sich hinaus schuf« – ist schon der Geist. Der Geist des Menschen, der Geist der Menschheit, das ist der Übermensch.

Der Kuß des Weibes ist der Gruß des Lebens an die Eigenschaften, die es uns verliehen.

Nur auf der Woge der Frau bist du – flott.

Wenn wir unsre Weiber mehr Teufel sein ließen, wären sie engelhafter.

Die Wehen, die das Weib bei der Geburt des Kindes erduldet, muß der Mann in seiner eigenen durchmachen, auf daß – Mensch werde.

Schwache Männer verfallen *dem* Weibe, in dessen Auge sie ihr Verhängnis erblicken; sie nehmen eine Möglichkeit für eine Notwendigkeit.

Ich nehme an, daß Liebe die höchste Lust der Welt ist – dann muß aber sich *ver*lieben die schmerzhafteste Entgleisung sein.

Nein, ich lebe nicht durch dich, aber ich habe an dir gelebt.

Eine ganze Liebe wiegt viele geteilte auf – aber nicht umgekehrt.

Menschen, die sich nicht haben können, dürfen sich in unserer Gesellschaftsordnung nichts sein. Das Zeitwort Mensch wird also mit haben konjugiert.

Ein *Mann* – kein *Wort!*

Der Mann muß ein Streben haben, wie es einem rechten Weibe auch gefallen kann, und dann das Weib finden, dem es gefällt.

Der Helmbusch ist der einzige *Schmuck*, der den Mann *männlicher* macht. – Auch das vollendete Weib ist schöner ohne Schmuck: es ist *menschlicher!* Geschmückt immer noch mehr – *sächlich.*

»Du mußt mich auch mit meinen Tugenden mögen«, sagte der Mann zu dem Weibkinde, das haben wollte, er solle es auch mit seinen *Fehlern* lieben.

Wenn zwei Menschenkinder, ich denke an Mann und Weib, sich einander nähern, und sie haben Ursache, »der Liebe Quell im Busen zu hemmen«, so öffnen sich die Schleusen ihres seelischen Wesens zur gegenseitigen kraftvollen Erkenntnis, Vermählung, Befruchtung, Steigerung.

Am Ende meines Strebens könnte meine göttliche Tat (oder Mittat) gewesen sein: dem Manne das Weib gleichgesellt zu haben.

Das Weib, das einen Mann *erhört*, ihm die Hand schenkt, – fällt. Sie verliert ihr Leben an einen Gatten, aber findet nicht *ihren* Mann.

Das Weib ist auch von einer Selbstlosigkeit, die manchmal erschreckt: es billigt am (geliebten) Manne Alles. Zuletzt dessen Weibesverachtung.

In jeder Frau muß etwas stecken, was sie mit der Verlorensten gemein hat: die Möglichkeit verloren zu gehen; sonst wäre ja auch diese nicht verloren gegangen. Und wie viele, die sich vor einer Dirne bekreuzen, sind verloren an ihre Männer. Nur Furcht ist möglich und Erbarmen, keine Verachtung.

Übertriff einen Mann, er wird dich beneiden oder bewundern, sogar lieben, wenn er Herz genug hat; übertriff aber eine Frau, und sei's nur im Anzuge, und sie wird dich hassen.

Du glaubst diese Frau beruhigt zu haben, indem du sie aufklärtest: du hast aber nur ihren Wurm genährt. An seinen Bissen wirst du spüren, daß er eine Schlange geworden ist.

Wenn ein Ding in der Welt immer recht hat, ist es das Mißtrauen einer Frau gegen einen Mann; er mag sich bezwingen, aber auf dem Grund seiner Seele dunkelt und funkelt es.

Eine Frau muß sein wie gutes Brot, das man jeden Tag und das ganze Leben essen kann, ohne es überdrüssig zu werden.

Das Weib soll dem Manne keine Schwinge sein (ohne die er flügellos wäre), sondern soll mit ihm fliegen können, und durch den rauschenden Mitflug den seinen höher locken und lustvoller machen.

Es gibt leise, feine ungeschlossene Ehen, deren Bruch unmöglich ist oder sich furchtbar rächt.

Ich glaube man muß den Menschen die Vielehe, die Unehe gestatten, damit *der* Mensch sich die Einehe, die *Ehe* züchte – als sein Recht, nicht seine Pflicht.

Wer ein Weib ansieht hat schon die Ehe – mit sich gebrochen. Wohl ihm!

Connubium! ist das ein Ehelatein! Die gegenseitige Umwölkung! Warum nicht Consolium, die Umsonnung, oder dreideutig: consolatio, worin man an die Sonne, an den Trost, und an solus cum sola denken könnte? Wäre das kein gutes Wort für Ehe? Im Ehelatein natürlich.

In einer Ehe ist es gleich schlimm, ob der eine Teil in einem Streckbett zerrissen, oder der andere in einem Zwangbett klein gemacht wird.

Wenn eine Liebe nicht täglich neu erweckt wird, schläft sie bald ganz ein. Man erweckt sie aber nur durch Liebenswürdigkeit, und diese erfordert Anstand, Anmut, Opfer – Anstrengung. Aber wie lassen sich unsre Eheleute gehn!

Die Ehe ist eine Wabe, der man mehr Honig zutragen muß, als man ihr entnimmt; sie sollte stets Vorrat enthalten, um für jede Bitterkeit des Lebens einen Tropfen hergeben zu können.

Die Heiligkeit der Ehe besteht vielleicht in diesem Zuge, daß sie den Edeln dahin bringt, sich mit *einem* Menschen zu »versöhnen«, und daher mit allen.

Indem es mir gelungen, zu einem Menschen – und da ich Mann bin muß es das Gegenwesen sein – in den höchsten und reinsten Bezug zu treten, heb ich alle, mit denen ich mich bis dahin herumzerrte, zu dieser Höhe und Reinheit. Diese Wirkung muß zugleich die Probe für jenes Glück sein: laß ich *einen* zurück, hält *einer* mich unten, bin ich noch nicht dort droben.

Ob nicht das Bild des Andern auf dem Grunde unseres Wesens der verlassene Gefährte unsrer hermaphroditischen Ei-Jugend ist, der auch erfüllt sein will?

Die Mütter wollen nicht, daß ihre Söhne für die Menschheit bluten. Und gar die Gattin tobt um ihren Mann, der sie für jene läßt – so ist der *Mann* des *Menschen* Mutter.

Wie die Mutter dem Kinde die Brust, so bietet das Weib dem Manne, *sein* Weib *seinem* Manne, die Kraft und Süßigkeit, die freudige Gläubigkeit ihres Lebens.

Nicht Kindermütterchen – Mann- und Menschenmütterchen.

Deine Mutter hätte dich als dein Weib rasend gemacht – und doch hat sie dich feinen Kerl geboren und begabt.

Unsre Eltern *mußten* noch leben, und auch wir traten in ihr qualvolles Dasein; nun haben wir gelernt, leben zu *wollen;* laßt uns unsern Kindern diesen hellen Willen als beste Morgengabe in die Wiege legen.

Wie die Kuh sich ihr Kalb nehmen läßt, so entläßt die Mutter ihr Kind in sein Schicksal, in dumpfer Unruhe, stumpfem Unwillen, als ob ihr ein Unrecht geschehe.

Zwischen Mutter und Kind wird immer etwas Fremdes liegen – was Fremdes zwischen ihr und dem Gatten lag und blieb.

Eine Mutter, die sich an ihre Kinder verliert, wird von diesen nicht gefunden.

Die Form – religiös und moralisch – die um ein Kind gebacken wird, zerbrechen, wenn es Zeit ist!

Schlummerndes nicht wecken, Erwachendes nicht aufjagen, süß austräumen lassen, aber das Erwachte in die Schule nehmen.

Es ist als ob der Mensch sich darin von der Pflanze unterschiede: er gedeiht unter rauhen Händen, wenn sie ihn nicht gerade erwürgen, besser als unter zarten.

Du mußt die Erfahrungen deines langen Lebens nicht als Imperative auf die Jugend legen.

Gerade mit seinen Fehlern und Sünden müßte das Kind auf weiche Hilfe fallen, statt auf harte Verbote.

Du sollst die Eltern ehren, heißt es – aber wer sind die Ältern? Sind das nicht die Kinder? Sind sie nicht um ein Geschlecht älter und also ehrwürdiger als Vater und Mutter?

Unsere Kinder werden, wenn wir nur jung und biegsam genug bleiben, unsere Eltern; unsere Lehrlinge machen uns entweder keine Freude oder werden unsere Meister.

Kinder! in eure Hände empfehl ich meinen Geist!

Wie manche Mutter weiß nicht genug die Tochter zu ermahnen, »sich gerade zu halten« – aber sie meint nur den Rücken; wie lehrt sie sonst das Kind sich krümmen, und wie wirkt sie mit, es zu beugen. Wehe dem Mädchen, von der Mutter aus, das aufrecht und herrlich auch ins Leben hinaus wachsen möchte.

Das geht wohl an, daß die alten Leute bei den Kindern wohnen, die zu eigener Zellenbildung gekommen sind; aber es ist unmenschlich, wenn auch üblich, daß die erwachsenen, ausgereiften Kinder bei den zurückgebliebenen Eltern wohnen bleiben, umschränkt, unterdrückt, erstickt, oder doch zum Ersticken schwer um jeden Zug ringend, der sie über den Standpunkt der Eltern hinausführt.

Ein vom Tod Genesener liegt zum erstenmal wieder wach auf seinem Lager; er sieht die Sonnenkringel auf der Decke, die Spatzen auf dem Fensterbrett; auch ein Kind, das scheu herangetrippelt käme, das sieht er gern. Aber die Alten stören ihn. Sie kommen selten wie der Sonnenschein, die Vögel, die Kinder.

Wie tief auch Lust und Leid gehen mögen, es ist doch nur Schaum des Lebens, den der Mensch mit flacher Schippe schöpft.

Glück kein Freibier.

Die Delikatessen unserer Schmerzen sind andern nicht zugänglich.

Sie sind unsere Labung und Stärkung, und machen uns das Schwerste erträglich und teuer, sind aber ein Tropfen, der verdunstet, wenn wir ihn mitteilen wollen, ein Funke, der verglüht, indem er springt.

Schlucken ist nicht schlingen; verschluckte Not ist nicht verschlungene Not. An verschluckten Nöten wird der Mensch zum Wiederkäuer.

Ein großer Schmerz desinfiziert unser Leben von vielen kleinen.

Mein Unglück kann sein, wie *es* will, mein Glück aber muß sein, wie *ich* es will.

Der elendeste Krüppel tanzt und fliegt noch in einem geträumten Jenseits von sich.

Das Maß von Kraft und Glück, mit dem ein Mensch irgendeinen geschaffenen Zustand erträgt, läßt genau erkennen, wie er den entgegengesetzten beherrschen würde.

Macht andauerndes Unglück, unablässiger Druck hart oder mürbe? – Ich glaube, es kommt auf die Haut an, ob sie schwielig oder wund wird.

Alles äugt sehnsüchtig nach den Schanzen, – aber niemand will die Gräben füllen.

Die Kriegsjahre zählen dem Soldaten doppelt – sollten die Leidensjahre dem Menschen weniger angerechnet werden?

Das Licht ist stärker als das Dunkel, das Glück mächtiger als das Leid: ein Sonnenstrahl macht schon die Welt erglänzen, aber es gehört eine furchtbare Macht dazu, um alles Licht auszulöschen.

Glück gibt es so wenig, als es einen blauen Himmel gibt. Aber es gibt ein Gefühl von jenem, wie einen Schein von diesem.

Das Glück tötet oder – stirbt.

Das Glück kommt manchmal auf scheuen Füßen – es muß erst sehen, ob der Platz rein und trocken, und – das Elend fort ist.

So lange du glaubst: jetzt *ein* Tröpfchen Glück und *ein* Strahl Liebe in und über mich, und mein Lenz muß anbrechen! – so lange ist es nichts damit. Erst wenn du es nicht mehr glaubst, dann ist die Stunde da, wo *eine* Schwalbe den Sommer bringt – oder auch der Sommer die Schwalbe.

Das wahre Glück kehrt erst ein, wenn das Elend schon geht, also wenn man es fast nicht mehr nötig hätte. Es liebt nicht die gierigen Augen und verlangenden Hände, lächelt aber gern und schön über nasse Wangen. Auch der Regenbogen schimmert erst nach dem Ungewitter.

Säe ein bißchen Tod, du erntest tausendfältiges Leben.

Wie frei und schön ist ein Leben, das keines Schleiers bedarf vor Heimlichkeiten, außer etwa vor seiner Schönheit.

Ein Leben ohne Grausamkeit und Schmerz wollen, heißt, vom Feuer verlangen, daß es nicht brenne.

Gegen das brennende Feuer hilft nur selber brennen, und feuriger. So gegen das Leiden schaffende Leben nur: selber leben, lebendiger!

Beides sucht seine Erfüllung in uns: die höchste Verheißung, die wir uns geben, und das schmerzlichste Los, vor dem wir uns gefürchtet. Das ist das Leben.

Wie du in die Welt liebst, liebt sie dich zurück. Und das Leben ist dankbar.

Mit dem Leben ist's wie mit dem Gelde: man muß beide ausgeben, um etwas davon zu haben.

Der Arbeitsscheue – der Zechpreller am Bankette des Lebens.

Der Beruf ist der Weg, das Individuum auf eine Weise, die der Gesamtheit dient, vom Leben zum Tod zu bringen.

Im Leben ist es wie in den schweren Träumen: man muß seine Schrecken angreifen und nicht ihnen entfliehen; entweder weichen sie dann oder wir erwachen an ihnen gestärkt.

Das Leben ist wie das Meer: den rüstigen Schwimmer trägt es, den Schweren und Trägen läßt es versinken, den Toten wirft es aus.

Der Humor ist das bewußte Einatmen des Lebens, das nach dem Verhauchen nichts mehr fragt.

Das Leben ist schwer – ein Grund mehr, es auf die leichte Schulter zu nehmen.

Kannst du verstehen, daß ich mein Leben so leicht nehme, weil ich es so schwer nehme? Und die andern machen es umgekehrt.

Erst wenn uns das Leben zum tödlichen Ernst geworden ist, leben wir recht auf, und nehmen es leicht, wenn wir seine ganze Schwere empfunden haben.

Das Leben ist etwas zu Rätselhaftes: so fest und dicht es sich täglich und stündlich webt, aus Speise und Trank und Schlaf, aus Arbeit und Ruhe, Sorgen und Siegen, Notdürften und Überwindungen, aus Haß und Liebe, Ehrgeiz, Zorn und allen Leidenschaften – ein so luftiges Gewebe ist es doch, wie es hinter uns herflattert, nur flockenweise zu erhaschen und nie wieder ganz zusammenzu*denken*, was man doch so satt zusammenge*lebt* hat.

Sein Leben dahin gebracht zu haben, daß es, als gut und schön gefühlt, einen Sinn gegenüber der ungeheuren Not der Welt gewinnt, und gewollt werden kann und muß, bringt dahin, daß die Welt meinetwegen geschaffen worden ist, damit ich werde.

Der Mensch versäumt zeit seines Lebens das Wichtigste, das er zu tun hätte: sich ein Verhältnis zum Tode zu schaffen. So baut er nur immer am Leben, und sieht dem Tode furchtsam, verdrossen und untätig entgegen. Die letzte Vornehmheit, die Vornehmheit vor dem Letzten, entgeht ihm.

Was an uns allein sterblich ist, das ist – unsere Seele! Die Seele, das ist die Form, die unser Leben hienieden, das ist in und an uns, erreicht hat.

Das Furchtbare, das über den kommt, dem der Sinn dafür aufgeht, was *leben* heißt, ist nur mit dem Grauen zu vergleichen, das die Kreatur in der Nähe des Todes befällt. Eine Höhe reißt ihn hin, jäh und von unersichtlicher Spitze, wie den Todgeweihten ein Abgrund; und er *muß* dort, wie dieser hier, nur ist sein Muß dort ein Wille. So *muß* er leben, ziellos vorwärts, wie jener sterben muß, haltlos verfallend.

Stürme des Herbstes, wilde, wüste Gesellen, wie lieb ich euch! Ihr wettert zusammen, was morsch und welk ist, und macht Bresche für die Entschiedenheit, den klaren, reinlichen Winter.

Das entschiedene Leben und der entschiedene Tod sind glückliche Zustände – aber die Über- und Niedergangszeiten sind schrecklich. Dann schmeckt nicht einmal der Tod so recht. Auf der höchsten Höhe *an* ihr zu sterben, das wäre schließlich die höchste Lebenskunst.

Zwischen Leben und Sterben gibt es ein Drittes: Krankheit, und diese von doppelter Natur: in der einen ringt sich Gesundheit zum Leben durch, in der andern zwingt der Tod Leben nieder, das sich noch wehrt. Beide Arten sind schwer voneinander zu unterscheiden und nie untrüglich.

Wie oft mag eine Krankheit nur die Mühe sein, die sich das Leben gibt, um gesund zu werden oder zu bleiben.

Kardinalfrage: warum – wenn Leben heilig ist – warum schont man nicht das heile, blühende, sondern nur das kranke, krüppelhafte, unheilbare, und läßt jenes an diesem verseuchen, versiechen und vergehen? Wo bleibt da *seine* Heiligkeit?

Wie leicht haben es die Toten! – Und sie sollten uns das Leben schwer machen? – Hinab mit ihnen!

Der Lichtträger ist blind.

Wo du nicht zündest, trage deinen Brand nicht hin.

Das Feuer, das mir aus den Augen fährt, erhellt mir nicht den Weg.

Zum Selbstleuchten gehört Eigenfeuer, zum Glänzen nur eine glatte Fläche.

Mein Irren war lang, groß und schmerzlich. Aber was mich vorn blendete, das erhellte scharf und klar die Gegend, wenn ich mich umwandte, den zurückgelegten Weg zu betrachten.

Niedrigkeit der Empfindung etwas anderes als der Gesinnung: jene der schwarze Vogel, der sich ab und zu, in unbewachten Momenten, auf uns stürzt und einen Krallenfang und Schnabelhieb nach uns tut; dieser aber sind wir ein Nest, in dem sie ihr Gelichter brütet.

Eine Sünde, die mich weckt, ist besser als eine Tugend, an der ich einschlafe.

O süße Unschuld, komm! sündige dich weiter in die Höhe!

Vielleicht genügt dem Reinen die Versuchung, der Unreine aber braucht den Sturz, um sich höher zu erheben.

Nach verlorenen Schlachten kann man noch die schönsten Siege gewinnen, aber die schlimmsten Niederlagen holt man aus Siegesräuschen.

Friede sei – satt gewordener gesättigter Kampf.

Seelenruhe! – Es gibt eine Ruhe, die Faulheit ist! Innerer Friede! – Es gibt manchen Frieden, der schmachvoll ist. Seinen Frieden muß man ersiegen oder doch erkämpfen! Dein Krieg könnte aus lauter Niederlagen bestehen, und dein Sieg doch der Verzweiflung über dich nahe sein.

Schwester Ruhe schöpft mehr klares Wasser aus dem Quell mit einem Löffel, als Bruder Sturm mit eine Kruge.

Schwere ist das edelste Laster.

Vielleicht ist das Edle nur das kunstvolle ritardando einer an sich trivialen Melodie, dazu aus dur in mollübersetzt. Also nicht lebensuntüchtig, sondern nur verlangsamt und beschwert zu ergreifendem Wohllaut. Und gespielt muß es also doch werden, mit denselben Instrumenten; nur kunstvoller, gehaltener, bewußter.

Das Feinste hat die stärkste Gewalt über uns, das Fernste ist unsere Gewißheit, das Geheimste wird letzte Offenbarung.

Unsere furchtbarste Schuld ist das Gute, das ein Mensch von uns denkt und das wir nicht erfüllen.

Irgendwer hat gesagt: »Die Tugend im Übermaß wird zum Laster.« Dieses Übermaß besteht aber genau besehen nur darin, daß man sie wirklich hat und auszuüben gesonnen ist. Dadurch wird sie – lästig. Setzt man statt »Tugend«: Charaktervorzug, und statt »Laster«: Fehler, so wird das Paradoxon milder und verständlicher.

Der rechte Gegensatz zu einem mitleidigen Herzen ist nicht ein rohes, sondern ein gesundes. – Schöne Gesundheit enthält viel gebändigte Roheit, das ist: Urkraft.

Es gibt ein Mitleid, das ganz dem Schwindel gleicht: man schaudert beim Hinuntersehen. (Es kann also nur Steigende befallen!) Gegen diesen Schwindel gibt es nur eine Rettung: vorwärts hinaufsehen und – steigen.

Gut ist nur, dem Bösen widerstreben.

Kein Unrecht mehr wollen, ein eigenes unerträglicher finden als ein fremdes; sein Recht, mit der Goldwage zugewogen, einem jeden zubilligen, also auch und gerade dem Feinde – wer noch nicht in diesen Empfindungskreis getreten ist, gehört noch einer roheren, unentwickelten Kultur an.

Der Schmerz über uns sich immer mehr verfeinernd ist der gute Führer, der uns von Stufe zu Stufe zu immer größerer Sicherheit unseres Ernstes, zu immer höherem Takte, immer reinerer Gerechtigkeit leitet.

Die leisen Mahner in uns sind die besten Führer; sie finden den Weg auch in Nacht und Nebel.

Wer ein volles Gefäß trägt, muß das Gedräng vermeiden, und wessen Seele am Überlaufen ist, einsam Wege gehen.

Einsam ist man in der Fremde, verlassen kann man in der Heimat sein, verloren aber ist man nur in seinen inneren Wüsten. Dort umspült uns noch überall das Meer des Lebens, hier überflutet uns nur heißer, dürrer, unfruchtbarer Sand.

Einsamkeit ist ein köstlicher Balsam auf die wunde Haut der Seele; aber im Übermaß aufgetragen reizt er vielleicht mehr als er lindert.

Unser Schlechtestes findet noch Verständnis und Verzeihung, unser Bestes aber keine Heimat unter den Menschen, als nur in eigener Brust.

Wo du fragst, tönt dir keine Antwort, wo du suchst, ist alles verloren. Nur das Ungewußte weißt du, nur das dir Gegebene hast du.

Wer sich nicht von dieser Welt fühlt, aber doch nicht aus ihr heraus kann, für den gibt es immer noch eine Gasse: Hindurch!

Wir legen zu gern gegen unser Überwundenes einen Eifer und Unwillen an den Tag, der stark nach Renegat und Konvertit schmeckt. Wir sollten zarter mit unserer Vergangenheit umgehen, bei aller Entschiedenheit, mit der wir sie abgestreift haben, mindestens aber unsere Herkunft nie verleugnen. Je niedriger sie ist, je mehr ehrt uns die heutige Höhe.

Wer der Stütze nicht bedarf, geht leichtsinnig mit dem Stab um.

Ich will eingehen in weite hohe Räume, ob auch durch enge Türen und über schwierige Treppen.

Wenn es möglich ist, über mich hinauszukommen, wie ertrüge ich es, daß es ein anderer täte, als ich selbst! Also ist es möglich! Übersetzung aus dem Zarathustrischen ins Deutsche.

Einen andern als sich selbst zu übertreffen suchen, heißt, sich einem fremden Kurse anschließen.

Wenn du einen Augenblick dein Urteil anhieltest, so könntest du in meinem Handeln wie in einem Spiegel das deinige sehen; so aber beschlägt dein Atem das Glas.

Immer der Gleiche – das ist ein Produkt beständiger Verwandlung, in der sich das Wesen behauptet. Mit jedem Hauche ein anderer – das ist immer derselbe, unter der Wirkung eines jeden Angriffs.

Bereit zum Untergang ist reif zum Aufgang.

Sich selbst als Fatum nehmen, nicht sich »anders« wollen –!

Mein Schicksal ist ein dicht gestricktes Netz; zerreiß ich eine Masche, zerstör ich hundert.

Du hast eine begehrliche Seele, also leide, leide durch Entbehrung.

Das Unvermeidliche ist nicht schwer mit Würde zu tragen. Bei gescheiten Leuten versteht es sich von selbst. Du mußt aber lernen, auch das Vermeidliche so zu tragen.

Wer auf sein Elend tritt, steht höher.

Man muß auch seinem Schicksal mit edler Reserve gegenübertreten, feurig, aber nicht zudringlich!

Schicksal – du magisches Netz, aus Milliarden Zufällen gestrickt; Vernunft, Weisheit – du Ungeheuer, erbaut aus lauter Sinnlosigkeiten; Leben – wandelnder Berg von toten Sandkörnern; Gott – ein Bündel aller Teufel; Welt, Unendlichkeit, All – grüne Insel, vom Nichts umflossen – –: das bist du!

Zwischen entweder–oder steht, was wir in der Hitze des Gefechts übersehen; es gibt mindestens noch ein ›keins von beiden‹.

Eine Erkenntnis geht manchmal über uns nieder wie ein Wolkenbruch über einer Landschaft – man erkennt sie nachher nicht wieder.

In einem Größern aufgehen ist kein Untergang, sondern, was das Wort sagt, Aufgang.

Ihr findet diesen Geist unverständlich und ungenießbar und lehnt ihn ab? Ihr seht nicht, daß er ein Brunnenmacher ist, daß er eben erst seinen Brunnen erbohrt, und darum seine Wasser trübe springen.

Leute, denen nie ein eigener Gedanke urgezeugt entsprang, rechnen den fruchtbarsten Geistern die Herkunft ihrer Lehre nach. Wie sollten sie auch wissen, die Immerdürren, daß ein Schoß, der auch nur einmal glücklich geboren, immergrün von neuen Geburten strotzt.

Du brauchst nichts zu bedauern, was du nicht verstehst. Und was du verstehst, wirst du nicht bedauern. Durch Bedauern trägst du *dich* in eine fremde Sache.

Selbsterkenntnis – ist unser Maß für unser Weltverständnis.

Ich war besser, als ich noch unbefangen in der Pfütze tummelte;
seit ich im Äther leben will, bin ich immer befleckt.

Bin ich nicht ein Zurückkommender, ein Revenant, ein Gespenst?
Sind Gespenster nicht schreckhaft? – Bin ich nicht ein mehr als ein-
mal Zurückkommender? Muß ich nicht schreckhafter sein als ein
Gespenst?

Hier – vor die Entscheidung gestellt, ob er mittun will oder nicht
– heißt die Rede: Ja und Nein. Das Äußerste an Ausflucht, das ihm
gegönnt sei, ist:»Einen Augenblick Geduld, großer Geist, bis ich
mich beisammen habe, und stark genug bin, meine Rolle im herben
Spiele zu übernehmen.«

Einen Tribut zollen wir der Menschlichkeit auch dadurch, daß
wir alles Gute, Schöne, Glückliche an uns erst auf mühsamen Um-
wegen und durch allerlei unsinniges Gestrüpp erreichen. Auf den
leichten Füßen der Göttlichkeit ergehen wir sündhaft weniges.

Die Selbstachtung ist kein Orden, den man in Schachtel und
Schublade verwahren und bei jeder schicklichen Gelegenheit in
untadligem Glanze wieder anlegen kann, sondern eine gewuchtige
Rüstung, die getragen werden und beständig in Arbeit und Ge-
brauch sein muß.

Wie mancher hat erst die hohe Meinung von sich abzulegen, um sich, nach einem schmerzhaften Intermezzo der Selbstverachtung, wahrhaft achten zu lernen.

Ehrgeiz – kann das nicht eine Form sich eingestandener eigener Wertlosigkeit sein? Selbstgefühl und Tatenlust ohne Ehrgeiz, Sattheit in sich – welch eine große Sache!

Das Höchste, das du einmal von dir gedacht, ist die Höhe, zu der du immer wieder hinan mußt.

Gutsein ist eigentlich das Wenigste, was wir von uns verlangen können. Es ist nur eine Verfassung, eine Grundstimmung zu dem Leben, das wir durch *Guttun* zu errichten hätten. Wenn ich nur gut *bin*, können mich noch die Läuse fressen. Geschehen wird nichts. Handeln bestimmt unsern Charakter und unsern Wert.

Geh du vernunftwärts, mich laß triebwärts gehen!

Merke: die Frage nach dem Zweck ist die Frage nach dem Ende des Unendlichen!

Nicht die Vernunft – der Verstand ist der Feind der Unschuld an den Dingen.

Das ist Geschmacksache, meinst du? Aber Geschmack ist – Vernunftsache.

Der gesunde Naturverstand (Weltverstand) ist das höhere Stockwerk des gesunden Menschenverstandes.

Auch die Schwachsichtigkeit, sieht sie durch Mikroskop und Tubus, nennt sich Wissenschaft.

Wie vieles erklären wir für Unsinn, wovon und wofür nur *uns* der Sinn abgeht!

Es gibt genug Leute, die bezweifeln, daß Cajus ein Mensch sei und sterben müsse; wenigstens tun sie, wie aus allen Himmeln gefallen, wenn er stirbt.

Die Bildung der kleinsten neuen Gehirnwindung und Fältelung wird unter großen Wehen und Gefahren für die Wöchnerin erfolgen.

Unter den Herdentieren, die der Einzige verachtet, waren auch seine Eltern. Das dürfte zu denken geben.

Man kann sagen: durch die vegetative Fortpflanzung *vermehrt* sich eine Art, durch die geschlechtliche aber bildet sie sich zugleich um und *entwickelt sich fort*.

Ich glaube, die Menschen haben noch nicht gemerkt, daß *besser* auch ein Komparativ von *schlecht* sein kann. *Gut* duldet keinen, denn wenn etwas besser ist als das andere, so ist dies nicht gut, sondern schlechter. Ebenso braucht das *Beste* noch lange nicht gut zu sein. Gut ist eigentlich Positiv und Superlativ in einem. Etwas Gutes besser machen wollen, ist also ein Unding.

Einem Philosophen. Als er seinen Wolkenkratzer bald unter Dach hatte, wankte er in seinen Fundamenten.

Ähnlich wie die kleinen Männer große schöne Weiber lieben und sich nicht schämen, sogar solche zu haben, so haben die schwächsten Naturen die stärksten Philosophien.

Schopenhauer und Nietzsche – natürliche Phasen der Menschheit, daher ihre Macht.

Dies ist die Arbeit des Pessimismus: er pulverisiert einen herrlichen Kristall und beweist aus der Wertlosigkeit der Stäubchen den Unwert des Ganzen. Er steht vor einer zertrümmerten Uhr, mancher sogar dummdreist vor einem Haufen Rädchen, Schräubchen, Plättchen usw., die der Zusammensetzung durch Meisterhand harren, und wimmert oder höhnt: und das will eine Uhr sein! – Nein, du Narr, du Simulant! Das eine *war* eine, und das andre *wird* eine.

Es hat sich mancher von Schopenhauer oder Tolstoi oder gleichen Geistern *nicht* verführen lassen – aber er hat auch von ihnen nichts gelernt. Die furchtbaren Gesichte, die jene *geblendet*, haben ihm nichts *gezeigt*.

Weininger sah mit den dämonisch gesteigerten Kräften eines Jünglingsauges, und was er sah, mit *absoluter* Richtigkeit. Aber diese absolute Richtigkeit ist nicht die absolute: es fehlt ihr die *Relation!* Die Relation zum Manne und die Relation zum Weibe. Sie ist nur die absolute Richtigkeit der Überjünglingssicht, der Jünglings*über*-sicht.

Die Unvernunft des Weltvorgangs ist höher als unsere Vernunft, umfaßt sie; die beste Arbeit unserer Vernunft ist die Dienstbarmachung kleiner Stücke der großen Unvernunft zu Zwecken des kleinen Lebens, das wir dem großen Zufall abgewinnen.

Alles Wissen zerfetzt die Welt; aber seine Summe, die Weisheit, setzt sie wieder zusammen. Die Wahrheitsprobe aller Philosophie wird die Wiederübereinstimmung mit dem Uranfänglichen sein.

Aus Platons Apologie sah ich so recht klar, daß der so viel gelästerte moderne Mensch doch gewaltig über den Griechen hinausgewachsen ist; er hat einen ganz andern Tastsinn für die Wahrheit; vor allem pfeift er auf alle Dialektik. Sophistik galt den Griechen für etwas Feines, wir legen einen starken Tadel hinein.

Mag die Beschränkung des Analogieschlusses auch logisch Richtigkeit haben, so bedeutet ihre Anwendung in der Praxis nur zu oft, dem aufdämmernden Verständnis gewaltsam einen Riegel vorschieben, statt es erwartungsvoll zu begrüßen und zu prüfen, was es bringt.

Die Majoritäts- wie die Durchschnittsrechnung liefert zu leicht falsche Ergebnisse. Die *Norm* darf nicht nach dem *Gewöhnlichen* (also nach der Majorität), gerechnet werden, sondern nach dem *Typus*. Als solcher muß aber die Erscheinung in ihrem *höchsten*

Ausdruck gelten, wo sie selbstverständlich immer als Minorität dasteht. Aus diesem Gedankengang müßte sich auch der Amielsche Satz ergeben: die höhere Natur des Menschen ist seine eigentliche.

Aus heiligen Quellen schöpft man schweigend. Nur dem lautlos und ergriffen sich Neigenden heiligen sie sich; dem lauten Gackler sind sie nur Wasser.

Musik etwas *Anorganisches:* der Mensch legt Seele hinein und hört heraus.

Die Komödie, das Lustspiel, der Humor überhaupt entsteht auch als Ergebnis eines Kampfes –: wenn und wem das Leid der Welt nicht schwerer wiegt als ihre Lust.

Zwei Arten von Kunst: in der einen wirft der Künstler etwas an das Publikum hin, in der andern das Publikum an sein Werk.

Urteil kommt zuweg durch Stillstand der Kritik.

Man merkt leider immer zu spät, daß die Menschen nicht belehrt, sondern unterhalten sein wollen.

Die Kunst ist das Aushilfsmittel des Genies, das nicht zu dem Leben zu dringen versteht, indem es sich *natürlich* entladen könnte. Sie verrät den Kindeszustand einer *Mensch*heit, sie spielt mit dem Leben, wie das Mädchen mit der Puppe, innig und vertraut, in reifster antizipierter Mütterlichkeit, bis es an eine andere Wiege tritt, als Weib.

Die Natur neigt zum Tode, die Kunst kaum zum Leben.

Der Mensch macht seine Gaben zu Künsten; das Tier behält sie als Eigenschaften.

Die Phantasie ist ein Schmetterling; hält man ihn gewaltsam fest, so zerstäubt sein Schmelz und seine Flügel zerbrechen; in der Freiheit fliegt er einem zutraulich von selbst auf die Hand. Aber ruhig halten – wie eine Blüte – und Honig schwitzen – womöglich.

Entzückung schwebt auf einer Zehenspitze.

Der Lorbeer, Freund, der um die Schläfe grünt, hat einen starken Duft.

Der Pfaffe in jedem Menschen – der vom andern all das fordert, was er selbst nicht leistet.

Duldung ist nicht genug, sondern zu wenig oder zu viel: entweder haben wir zu unterdrücken oder zu pflegen. Dulden ist eine Auskunft des Unentschiedenen, Feigen und Schwachen.

Duldung? Duldung! Was verlangt denn Duldung? Was über Besseres herrschen, Neues töten will.

Wer schimpft, hat Unrecht – mindestens im Ton.

Wer sich hinreißen läßt, verliert an Standpunkt und gibt noch Würde ab. Beides immer an einen Unwürdigen. Der seine Geist reizt nie so, daß er aufregt.

Alle Menschen begehen Torheiten und Schlechtigkeiten; aber sie scheiden sich in zwei Gruppen: die eine empfindet darüber Groll gegen sich, die andere gegen den, der es bemerkt.

Von zwei Narren hält der größere den kleineren für den größeren.

Wo die Narrheit Norm, ist die Vernunft Verrücktheit.

Manche eurer Mühen wird euch ebenso unerfindlich-unverständliche Quälerei sein, als einem Pferde das Pflügen des Ackers, auf dem *sein* Haber gebaut wird.

Dem spazierengehenden Auge ist's ein Hügel, dem Ochsen, der eine Fuhre Mist hinaufzuziehen hat, ein Berg.

Der Sporn gibt dem Rößlein keine Kraft, und der Haber treibt es nicht in die Schlacht.

Für alle Fehler, die der Fuhrmann macht, kriegt der Ochse die Prügel.

Wir gestehen lieber Laster ein als – Läuse.

Es ist rührend, wie unsere kleinen Laster die Nachbarn anheimeln.

Viele verlangen, daß wir um Entschuldigung bitten, wenn sie uns auf den Fuß treten, und empfinden es als ein erlittenes Unrecht, wenn sie uns ein Bein stellen und wir nicht drüber fallen.

Es ist sehr leicht, gute Miene zum bösen Spiel zu machen, das man mit andern treibt.

Gut auseinandersetzen hilft zum guten Zusammensitzen.

Keine Rache ist auch eine, und eine Rache ist manchmal barmherziger als keine. Jedenfalls, wer ohne Rache über den Beleidiger zu triumphieren weiß, ist ein fürchterlicher Sieger.

Wie du deine Knechte, ja überhaupt die Welt, das Leben behandeltest, wenn du ihr Herr wärst, darin liegt etwas Bestimmendes dafür, wie du von ihnen behandelt wirst.

In tausend Sklaven stecken 999 Sklavenhalter!

Zwei Geschlechter des Menschen. Das eine fragt, immer und überall: ›Nix zu handeln? nix zu handeln?‹ Das andere späht, immer und überall: ›Nichts zu bauen? nichts zu bauen?‹

Unterscheidung: Handwerker – Kopfwerker – Bauchwerker.

Was heißt Moral anders als: sich in einer Welt, in der man nicht allein ist, mit andern einzurichten wissen, die wir schließlich eben so sehr brauchen, als sie uns im Wege stehen.

Wie der Tod keinen Augenblick ohne das Leben, so kann auch umgekehrt nicht eine Erbsünde ohne eine gleichzeitig eben in ihr mitgeteilte, fortgepflanzte Erbtugend gedacht werden; damit ist jene aber in ähnlicher Bewegung aufgehoben, wie der Tod durch das Leben.

Moral – ein Wahn, ohne den aber zwei Menschen keine drei Schritte zusammenhalten.

Wie die Menschheit im allgemeinen den Alkohol der Stärke und dem Zucker vorzieht, so will sie auch geistig lieber erregt, berauscht und betäubt werden, als genährt.

Es gibt überall genug Kinder und Simpel, die schlechten Kuchen gutem Brot vorziehen, weil es Kuchen ist, aber auch da und dort Narren der Konsequenz und Protzen der Entsagung, die es umgekehrt machen: sie verschmähen guten Kuchen und greifen zu schlechtem Brot – auch weil jenes Kuchen ist.

Keiner will gesund leben, keiner gut sein – jener nur durch ein Wunder kuriert, dieser entsündigt werden.

Gesunde Menschen reden nicht von der Gesundheit und spüren keine Zugluft – außer als angenehme Kühlung. Ebenso reden moralische Leute nie von der Moral und wittern nicht überall Gefahr für sie. Anders kranke Menschen und faule Zeiten – sie gehen überhaupt nur mit ängstlich hochgeschlagenem Rockkragen. Sie sind empfindlich und wissen warum.

Hier ist ein Mann, der nicht lügen kann, und ein Weib, das nicht belogen sein will – sie werden eine Welt einreißen und eine schönere erbauen.

Am feinsten lügt das Plausible.

Es zieht die Lüge nach unten, wie die Wahrheit nach oben reißt mit tausend Schwingen, die ihr wachsen.

Ich lügen? sagte der Kunstlügner; ich gebe den Wahrheiten nur die Form und ordne ihr Erscheinen.

Eine halbe Wahrheit ist schlimmer als Sand in die Augen: sie tut nicht weh.

Wer fein das Maul hält, braucht nicht en détail zu lügen.

Es gibt eine Lüge, die der strengste Moralist nicht schlecht heißen dürfte. Soviel man sich aber über die *Notlüge* streitet und Fälle sucht, wo man diese zulassen müßte, den rechten Namen jener andern hat wohl noch niemand ausgesprochen: es ist die – *Lustlüge!*

Von einem großen Mann – ich fürchte, es war Epameinondas oder Washington – sagt man, daß er nicht einmal im Scherze log. Ich ehre ihn *darum* nicht höher, sondern muß ihm Trockenheit und Steifheit seiner Moral vorwerfen. Nirgends dürften die Grazien segensreicher Gevatter stehen, als in der Moral. Aber gibt es nicht Moralen, wo sie geradezu verrufen sind und als Töchter Satans gelten?

Man kann aus Dummheit gescheit, aus Feigheit mutig sein, im vollsten Recht unrecht tun und aus Niederträchtigkeit edel handeln – man kann sogar die Wahrheit lügen!

Was du hast, hat auch dich, – was du willst, fängt an zu befehlen.

Fleiß und Bedürfnislosigkeit sind Vater und Mutter der Freiheit. Dabei darf der Vater ein fauler Lümmel sein, wenn nur die Mutter fleißig ist.

Nicht Bildung macht frei und nicht die Arbeit: wir sehen die Sklavenhorden und Herden in beiden Bezirken. Wohl aber kann man sagen: den Gebildeten könnte die Arbeit, den Arbeiter die Bildung frei machen.

Geld ist Fleiß und Schweiß, Wut und Blut – es ist eben so heilig wie schrecklich. Darum durchfließt es auch mit gewaltiger Kraft die Adern des Gesunden, aber verderbend die des Faulen.

Wohl umschränken uns die Verhältnisse mit Quadermauern; aber sieh erst zu, ob sie nicht auf Pappe gemalt sind, wie es den Kulissen eines beweglichen Theaters natürlich ist.

Dieser Mensch, hat er nicht eine Greishand? Es geht ihm aber damit wie dem Affen, der weder die volle Hand aus der Flasche ziehen, noch die erfaßte Beute fahren lassen kann. In hilfloser Wut steht er da, frei und doch gefangen.

Gewiß, der Reiche hat auch Sorgen wie der Arme; aber wenn ich wählen sollte, griffe ich doch nach denen des Reichen. Der Reiche hat nämlich die reiche Möglichkeit, sich sorgenlos zu machen; und wenn wir es ihn so wenig tun sehen, so liegt wahrlich die Schuld an seiner Armseligkeit, die es ihm unmöglich macht, eine Million mit Anstand zu tragen. Er hat seinen Schatz wie ein Dieb oder Bettler.

Was ihr greift, greift fest – mit leichter Hand, willig zum Loslassen in der Stunde des Abschieds.

Nicht bitten; es entwürdigt. Schenke und laß dir schenken; es wird ein seliges Nehmen sein.

Das Säen will eine offene Hand.

Wohltaten: Tropfen auf den heißen Stein – aber lassen wir sie tropfen.

Wir können einander deshalb so häufig mit dem besten Willen nicht helfen, weil es uns am guten fehlt.

Es müssen schon sehr redliche, köstlich einfältige und herrlich gute Leute sein, wenn die Mühe, die sie sich geben, uns tätlich zu danken, nicht die Freude an uns verringern soll.

Die bequemste Art, sich einer nichtgefühlten Dankverpflichtung zu entledigen, ist die gewürzte Überschwenglichkeit. Man überläßt damit dem andern, lächelnd das Übermaß abzuziehen, im Gefühl der Sicherheit, daß er im Kopfrechnen nicht so stark ist, um die Null herauszubekommen.

Es gibt in der Welt mehr Bienenväter, Katzenmütter und Hühnergeneräle, als Menschenväter, Menschenmütter und Menschengeneräle.

Eine merkwürdige Parallele zwischen Affe und Mensch fand ich im Brehm: Die Affen sind sehr mitleidiger Natur und äußern diese nicht nur ihren eigenen Kranken und Sterbenden gegenüber, sondern auch sehr rührend andern Tieren. Sie hätscheln, liebkosen und trösten sie bis zum letzten Atemzug und gebärden sich untröstlich, aber – sie geben ihnen nichts zu essen! In ihren Armen lassen sie sie verhungern.

Damit Kinderland werde, muß Vaterland sein.

Wie? Der Gedanke Vaterland sollte uns einengen und der höheren Weltbürgerschaft in der großen res intima humana entziehen? – Aber engt mich meine Haut ein, oder mein Wams, oder mein Haus, oder mein Dorf, und hindert mich am Entfalten meines Deutschtums? So wird auch wohl dieses mich nicht hindern können, der beste Bürger der Welt zu sein.

In Deutschland ist man charakterlos, wenn man von den Ereignissen lernt und sich nach ihnen wandelt.

Ich will nicht sagen, das und das Volk gehört totgeschlagen; ich weiß aber eins, das lebendig geschlagen werden muß – das deutsche.

Der Deutsche hatte noch nie einen guten Freund unter den Völkern; nun aber läuft er sogar Gefahr, auch seinen besten Feind zu verlieren, den Franzosen. Dieser läßt sich von seiner Musik durchweichen und trinkt schon sein Bier; wenn er es erst saufen gelernt hat, ist er für uns verloren.

Wenn Winkelried ein paar Speere weniger erwischt hätte, als zum Brechen der Gasse nötig waren, er hätte sicher seine Kritiker gefunden, – wenigstens in Deutschland.

Man spottet über den Eifer der Deutschen, ihren toten Größen Denkmäler zu setzen; aber man übersieht, daß der Kultus des Gewesenen das giftigste Mittel ist, das Zeitgenössische zu bedrücken. Liegt auch nicht Methode darin, so doch ein tüchtiger Instinkt.

Wenn der Papst der unanständige Gott oder Götze der Welt ist oder sein will, so wäre es eine Aufgabe für den Deutschen, den Kaiser voran, ihr anständiger Teufel zu werden.

Aut Caesar aut nihil – danach hätte Cäsar Borgia doch seinen Willen erreicht. Ein stolzeres Wort für den letzten Hauch eines entgleisten Cäsaren ist nicht denkbar.

Die Völker schauen in sehnsüchtiger Spannung vorwärts; ihre Fürsten – von den Priestern zu schweigen! – in krampfhafter Angst nach hinten. ›Traditionen aufrecht erhalten!‹ dies ist ihr Trost, daran klammert sich ihr Stolz. Aber – Traditionen schaffen! Wo ist *der* Stolz, *dieser* Mut?

Eine Verfassung ist wie ein Hufeisen, es muß nach sechs, acht Wochen wieder herunter, ersetzt oder neu aufgeschlagen werden; der lebende Huf überwächst es.

Alle Kultur wird einem gefährlich: dem Ungeziefer. Wir Modernen haben keine Ahnung mehr davon, was die Laus dem Mittelalter bedeutete. Die Romantik entsteht nur durch räumliche, zeitliche und – gründliche Entfernung des Beschauers von der Sache.

Mit jüdischem Geld und Blut läßt sich der abgewirtete Adel – *Un*adel! – infiltrieren; gegen den neuen *Geist* verschnürt er sich.

Historische Anrechte sind gewöhnlich historische Unrechte.

Mit den Orden ist es eine drollige Sache: die niedersten Auszeichnungen müssen am längsten und herbsten erdient werden; die höheren erfordern noch ziemlich viel sichtbare Eigenarbeit; die hohen rücken dann wie im Altersavancement von selber nach; die höchsten fallen in der Umgebung der Fürsten wie Redensarten, und die allerhöchsten – kriegt man schon in die Wiege gelegt.

In unserer Gesellschaftsordnung oder besser -unordnung bezahlt noch das Gute, Tüchtige, zu dem ich auch noch die reine Arbeit rechne, kurz das Gesunde, Höherkommende und -wollende, die Unkosten und Verluste des Lebens; ich denke eine Zukunft und sehe sie, wo man das Schlechte und Kranke, nicht mehr Höherkommende und -wollende, es bezahlen läßt. Dann: Heil dem Menschen!

═══════════

Über tredition

Eigenes Buch veröffentlichen

tredition wurde 2006 in Hamburg gegründet und hat seither mehre-re tausend Buchtitel veröffentlicht. Autoren veröffentlichen in we-nigen leichten Schritten gedruckte Bücher, e-Books und audio-Books. tredition hat das Ziel, die beste und fairste Veröffentli-chungsmöglichkeit für Autoren zu bieten.

tredition wurde mit der Erkenntnis gegründet, dass nur etwa jedes 200. bei Verlagen eingereichte Manuskript veröffentlicht wird. Da-bei hat jedes Buch seinen Markt, also seine Leser. tredition sorgt dafür, dass für jedes Buch die Leserschaft auch erreicht wird.

Im einzigartigen Literatur-Netzwerk von tredition bieten zahlreiche Literatur-Partner (das sind Lektoren, Übersetzer, Hörbuchsprecher und Illustratoren) ihre Dienstleistung an, um Manuskripte zu ver-bessern oder die Vielfalt zu erhöhen. Autoren vereinbaren direkt mit den Literatur-Partnern die Konditionen ihrer Zusammenarbeit und partizipieren gemeinsam am Erfolg des Buches.

Das gesamte Verlagsprogramm von tredition ist bei allen stationä-ren Buchhandlungen und Online-Buchhändlern wie z. B. Amazon erhältlich. e-Books stehen bei den führenden Online-Portalen (z. B. iBookstore von Apple oder Kindle von Amazon) zum Verkauf.

Einfach leicht ein Buch veröffentlichen: **www.tredition.de**

Eigene Buchreihe oder eigenen Verlag gründen

Seit 2009 bietet tredition sein Verlagskonzept auch als sogenanntes "White-Label" an. Das bedeutet, dass andere Unternehmen, Institutionen und Personen risikofrei und unkompliziert selbst zum Herausgeber von Büchern und Buchreihen unter eigener Marke werden können. tredition übernimmt dabei das komplette Herstellungs- und Distributionsrisiko.

Zahlreiche Zeitschriften-, Zeitungs- und Buchverlage, Universitäten, Forschungseinrichtungen u.v.m. nutzen diese Dienstleistung von tredition, um unter eigener Marke ohne Risiko Bücher zu verlegen.

Alle Informationen im Internet: **www.tredition.de/fuer-verlage**

tredition wurde mit mehreren Innovationspreisen ausgezeichnet, u. a. mit dem Webfuture Award und dem Innovationspreis der Buch Digitale.

tredition ist Mitglied im Börsenverein des Deutschen Buchhandels.

Dieses Werk elektronisch lesen

Dieses Werk ist Teil der Gutenberg-DE Edition DVD. Diese enthält das komplette Archiv des Projekt Gutenberg-DE. Die DVD ist im Internet erhältlich auf **http://gutenbergshop.abc.de**

Zeitfracht Medien GmbH
Ferdinand-Jühlke-Straße 7
99095 Erfurt, Deutschland
produktsicherheit@kolibri360.de